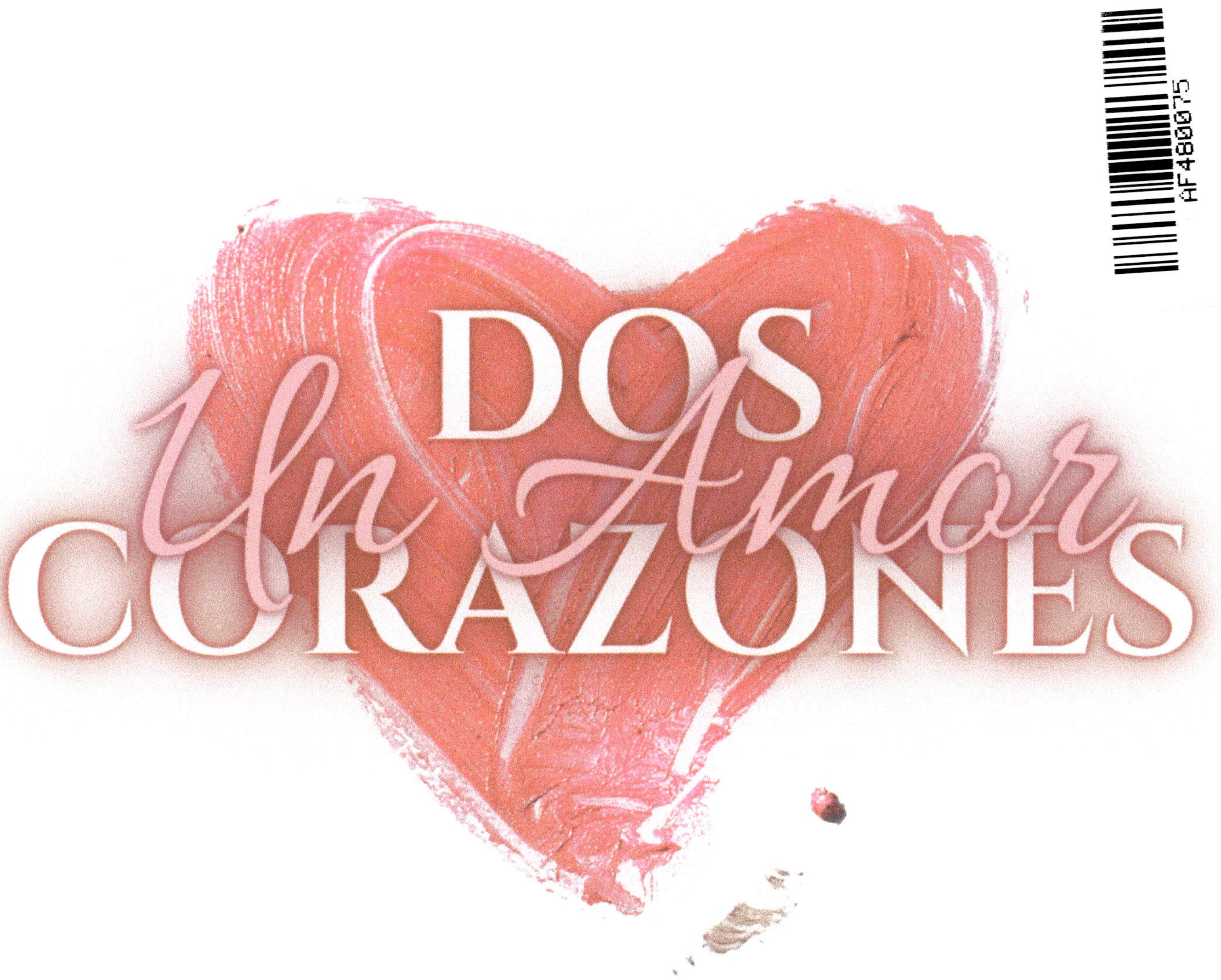

POR ISABEL LEWIS

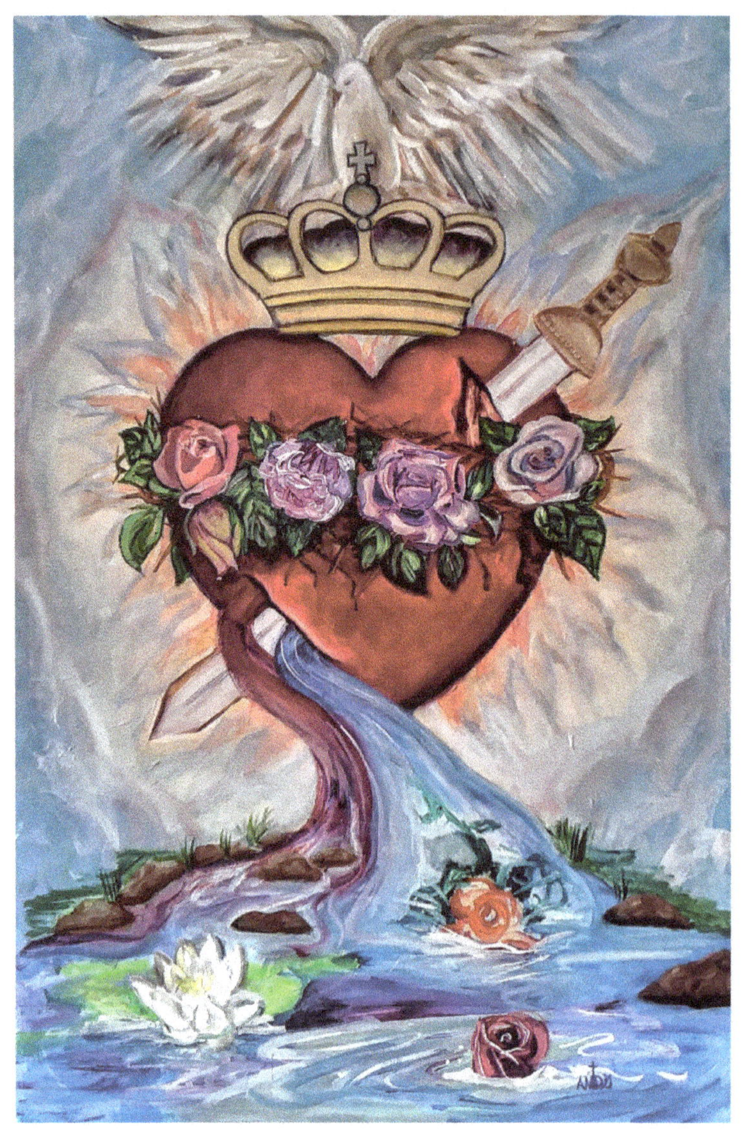

Pintura al óleo de Isabel Lewis,
"Dos Corazones, Un Amor: Sagrado e Inmaculado"

Este libro para colorear nació de un deseo de propagar la devoción al
Sagrado Corazón de Jesús y el Inmaculado Corazón de María. Este libro no solo está destinado a
los niños, que tienen una inclinación natural por colorear, sino a todas las edades.
Está destinado a fomentar la devoción a los Dos Corazones, en reparación de los pecados
cometidos contra ellos. El corazón de Nuestro Señor está ardiendo con deseo de
escuchar nuestra respuesta a Su perdurable amor sacrificial.

*"Él prometió derramar en los corazones de todos aquellos que
honran la imagen de Su Corazón todos los dones que Él contiene…
y que en todas partes donde esta imagen es expuesta y honrada,
atraería todo tipo de bendiciones".*

~ Santa Margarita María Alacoque

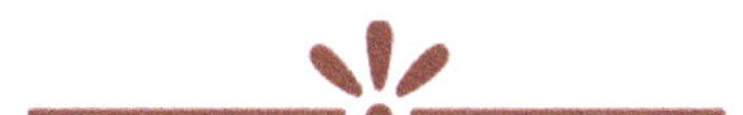

Que nuestros corazones y mentes sean uno con Jesús y María
ahora y siempre, Amén.

Este libro está dedicado a la Dra. Robin Maas
a quien estaré eternamente agradecida por nutrir
mi amor por los santos y el Santo Rosario.

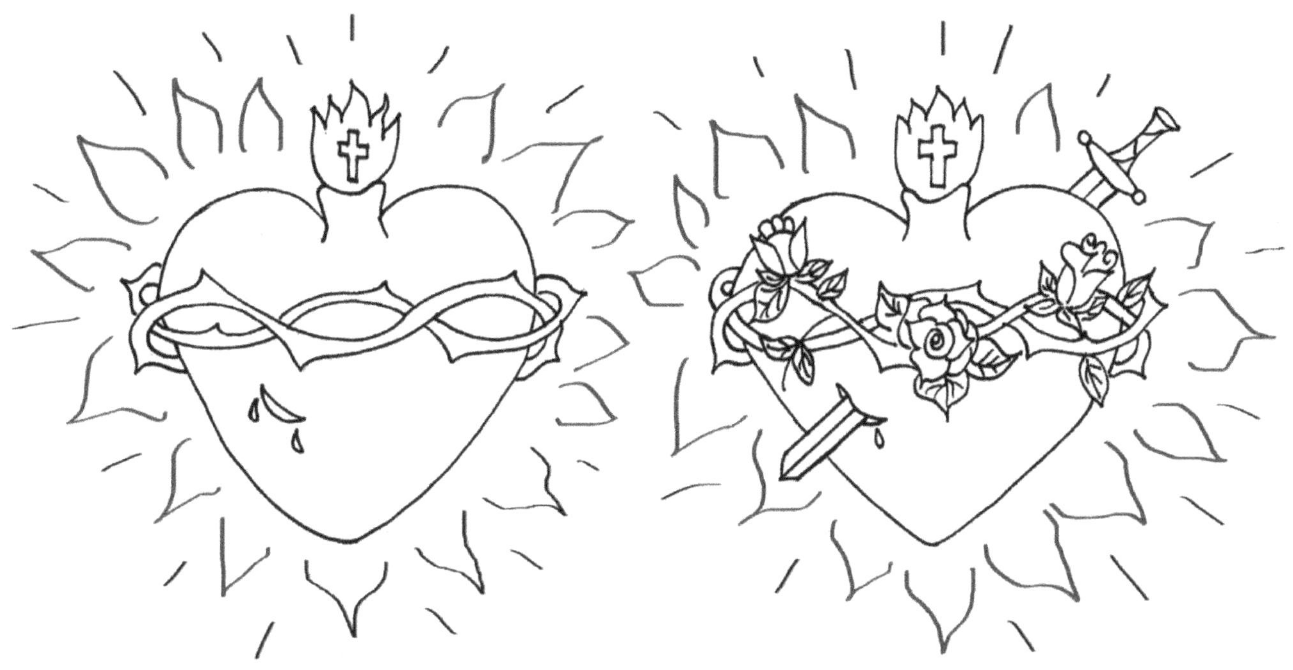

Oración de la Mañana

Oh, Jesús, a través del Inmaculado Corazón de María, te ofrezco mis oraciones, trabajo, alegrías, y sufrimientos de este día, en unión al Santo Sacrificio de la Misa por el mundo. Te los ofrezco por los méritos de tu Sagrado Corazón: en agradecimiento por tus favores, enmienda de los pecados mios, por las intenciones de todos mis familiares y amigos, y de manera particular por aquellas del Santo Padre.

Amén.

Devoción a

El Sagrado Corazón de Jesús

Establecer en los Corazones de los Hombres el Reino de Su Amor Puro

Revelaciones de
el Sagrado Corazón

En repetidas ocasiones, entre 1673 y 1675, Jesús se le apareció a
Santa Margarita María Alacoque, monja de la Visitación en Francia a quien llamó
"la Discípula Amada del Sagrado Corazón" y la "Heredera de todos Sus tesoros".

*Nuestro Señor lamentó la indiferencia y la ingratitud
de la mayor parte de la humanidad.*

El pidió por:

1. CONSAGRACIÓN Y REPARACIÓN
2. DEVOCIÓN DEL PRIMER VIERNES
3. HONOR a la IMAGEN DE SU CORAZÓN
4. UNA FIESTA LITÚRGICA

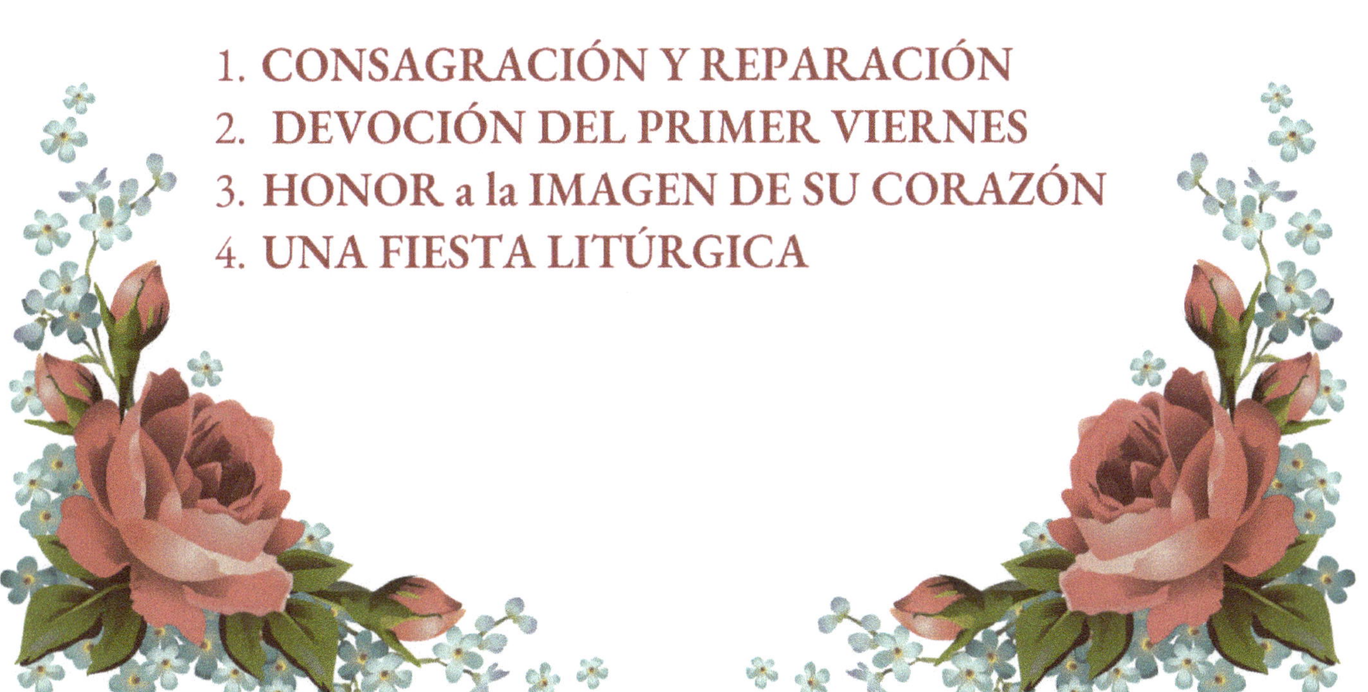

Símbolos del Sagrado Corazón de Jesús

Su Corazón
Símbolo de su Amor Sacrificial

"Toma mi yugo sobre
ti, y aprende de mí, que soy manso y
humilde de corazón..."
~Mateo 11:29

Las Espinas
Símbolo de su Sufrimiento

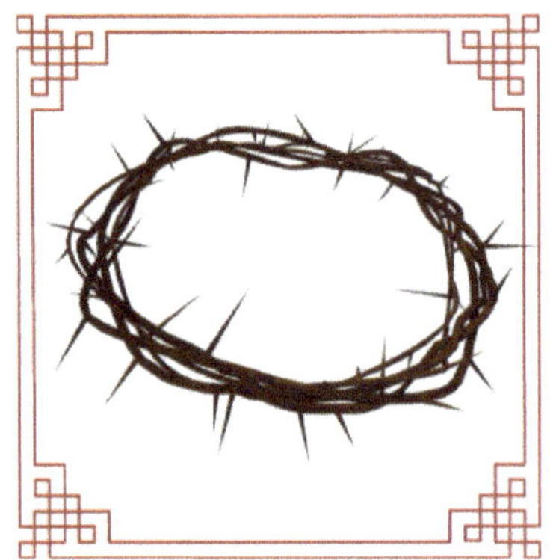

"Y colocando una
corona de espinas, se la pusieron
encima de su cabeza."
~Mateo 27:29

La Herida
Símbolo de Su Misericordia

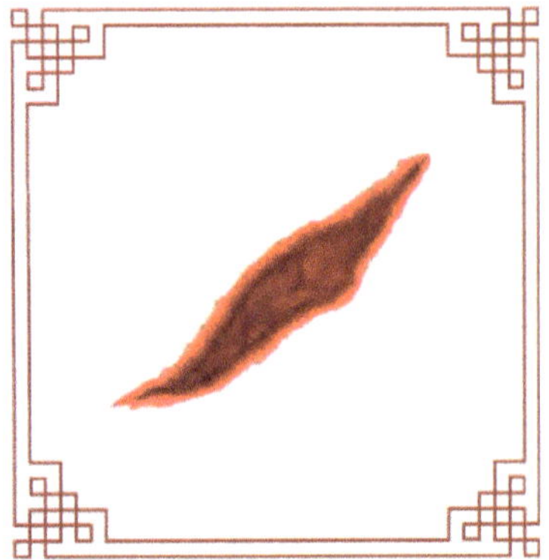

"...uno de los soldados con
una lanza abrió su costado,
y al instante salió sangre y agua".
~Juan 19:34

El Fuego
Símbolo de su Amor
Ardiendo por Nosotros

"Mi Divino Corazón está ardiendo
con amor por los hombres..."
~Nuestro Señor a
Santa Margarita María

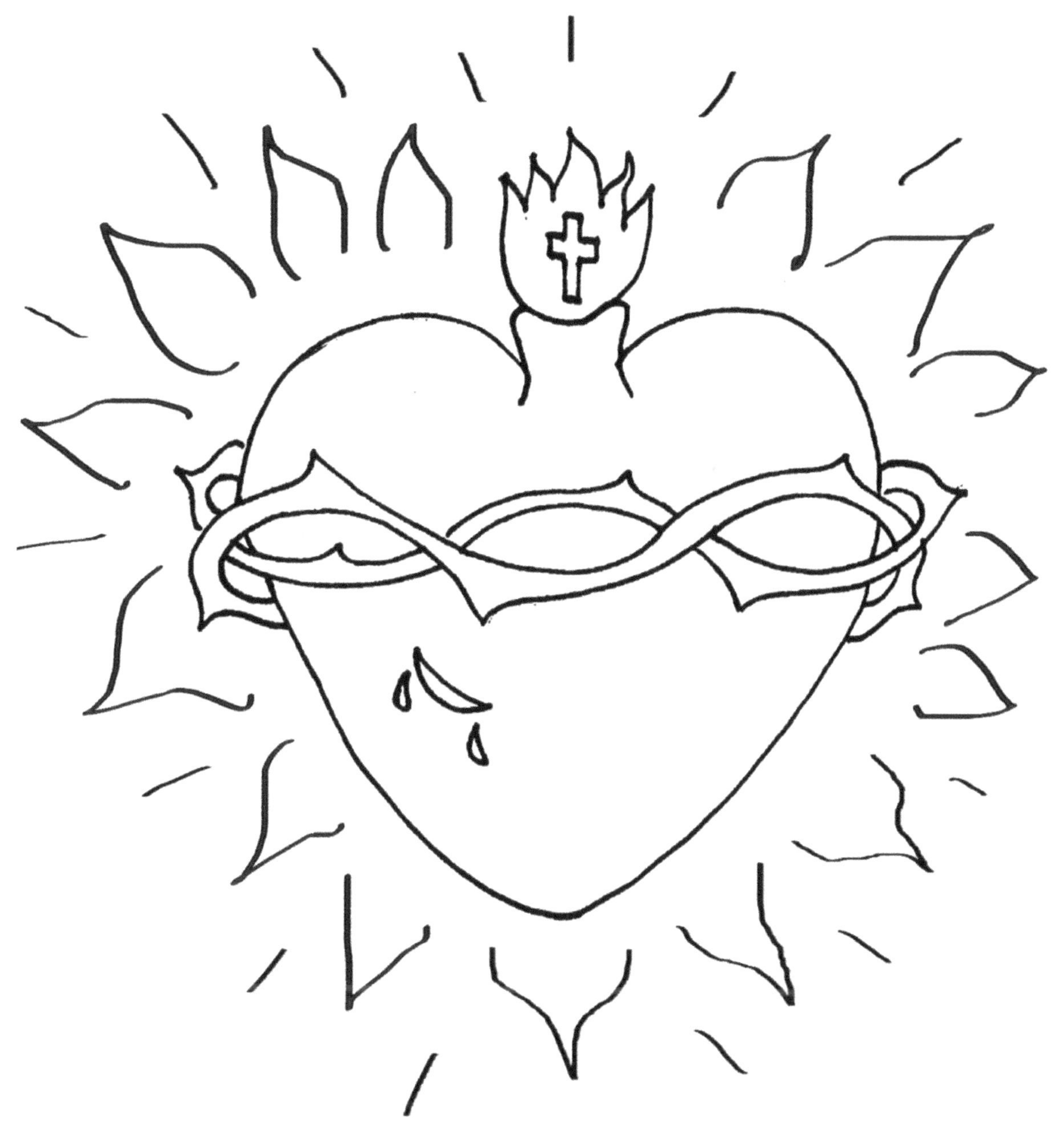

SAGRADO CORAZÓN DE JESÚS

¡Ten piedad de nosotros!

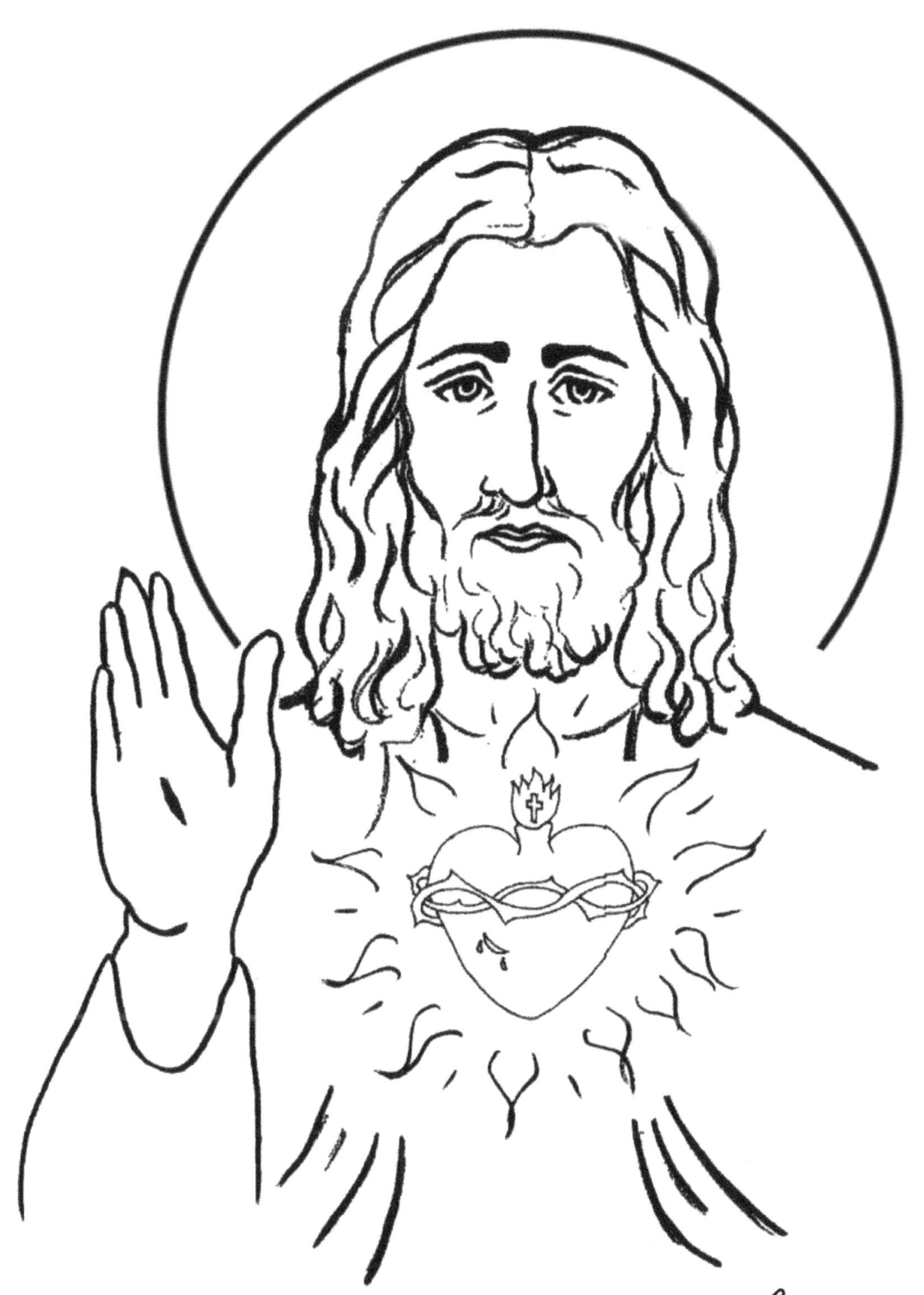

SAGRADO CORAZÓN DE JESÚS

¡Ten piedad de nosotros!

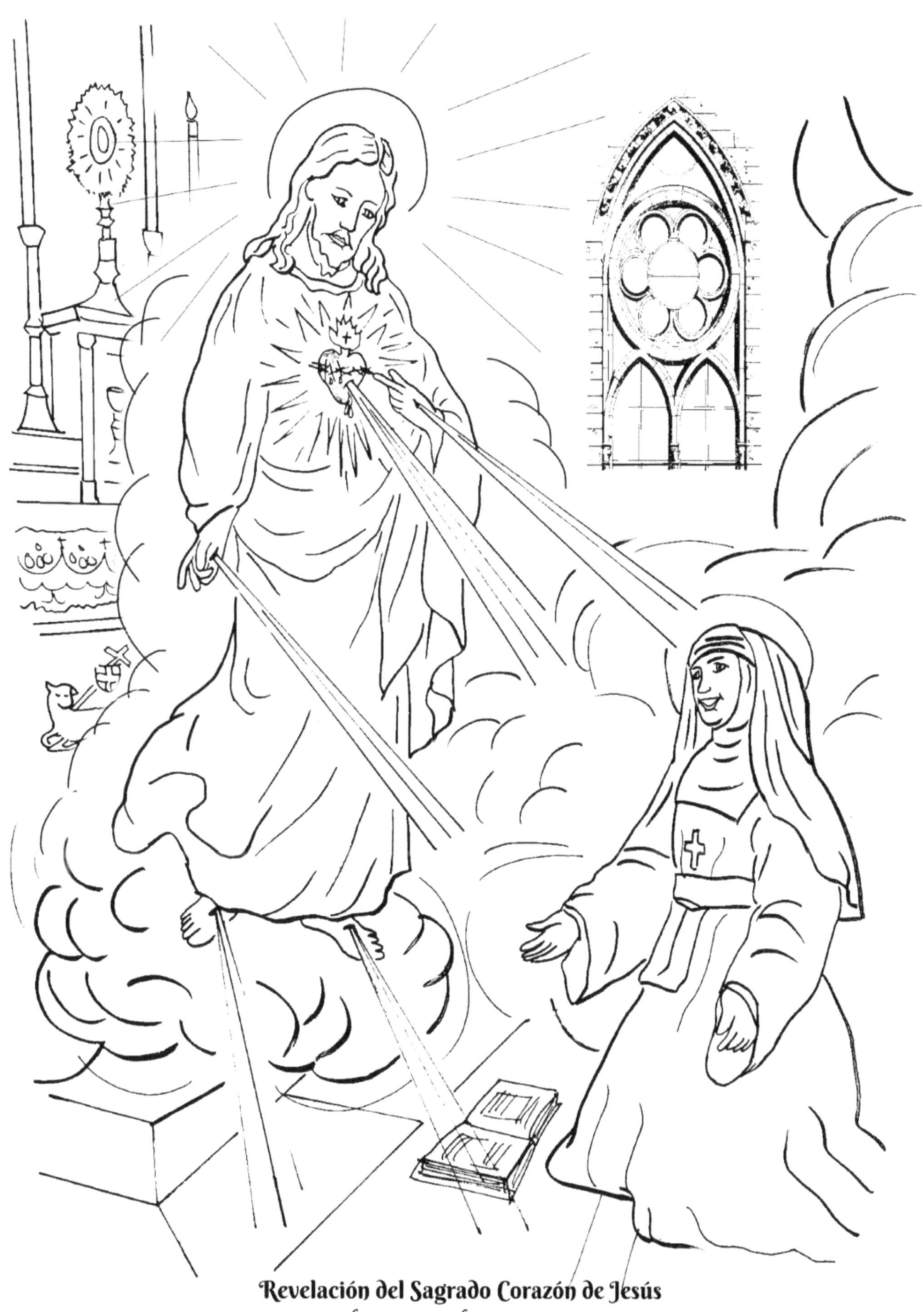

Revelación del Sagrado Corazón de Jesús
a Santa Margarita María Alacoque, 1674.

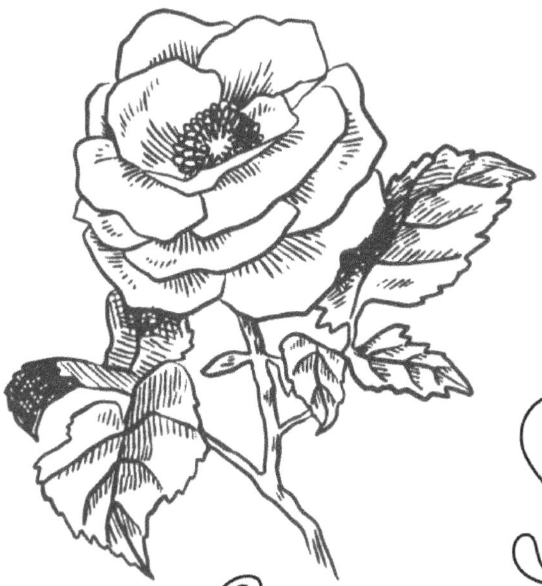

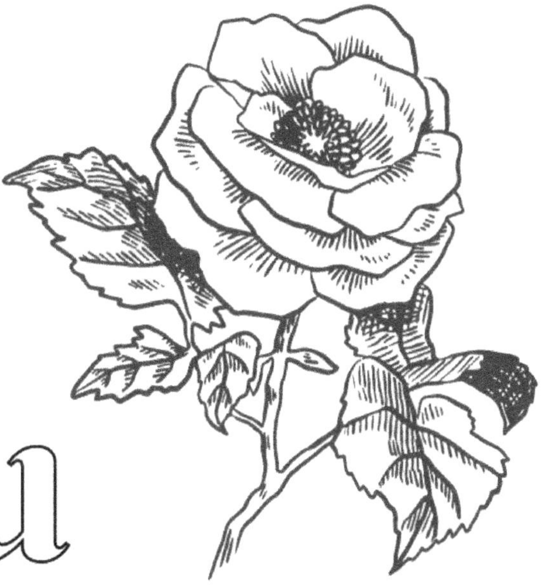

Su Misericordia Es Para Siempre

~Salmo 105:1

Inmaculado Corazón de María

"Para salvar a los pobres pecadores, Dios quiere establecer en el mundo la devoción a mi Inmaculado Corazón".

~Nuestra Señora de Fátima, 13 de julio del 1917

En seis ocasiones, la Santísima Virgen María se le apareció a tres niños portugueses de Fátima, un pueblo cerca de Lisboa, con mensajes para todo el mundo. Nuestra Señora de Fátima prometió que el mundo entero estaría en paz, y que muchas almas irían al cielo si sus peticiones fueran escuchadas y obedecidas.

Peticiones de
Nuestra Señora de Fátima:

1. ORACIÓN
2. REPARACIÓN
3. CONSAGRACIÓN de Rusia a su
Inmaculado Corazón

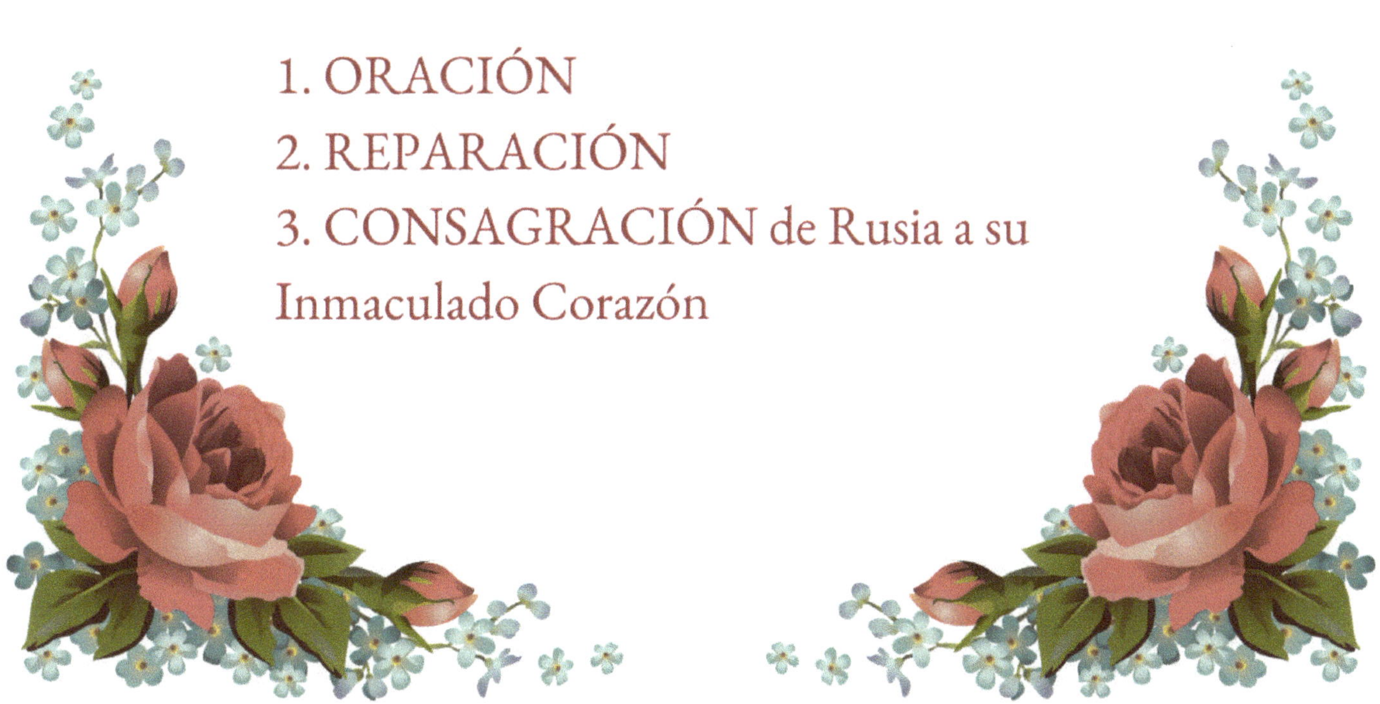

El Ángel de la Paz:
El Ángel de la Guarda de Portugal

En 1916, un año antes de las apariciones de Nuestra Señora en Fátima, un ángel se le apareció a los tres pastorcitos para prepararlos para Su visita. Se le apareció en tres ocasiones separadas con mensajes, enseñándoles cómo Nuestro Señor quería que oraran:

La Oración del Perdón

Dios mío, creo, adoro, espero y te amo. Pido perdón por todos los que no creen, no adoran, no esperan y no Te aman. Amén.

La Oración de la Santísima Trinidad

Oh Santísima Trinidad, Padre, Hijo y Espíritu Santo, Te adoro profundamente. Te ofrezco el preciosísimo Cuerpo, Sangre, Alma y Divinidad de Jesucristo presente en todos los tabernáculos del mundo, en reparación del ultraje, sacrilegio e indiferencia con que es ofendido. Por los méritos infinitos del Sagrado Corazón de Jesús y del Inmaculado Corazón de María, pido la conversión de los pobres pecadores. Amén.

Ésta es otra oración que les dio el Ángel de la Paz. Había una hostia eucarística y un cáliz suspendidos en el aire, y el ángel los condujo a arrodilliárse ante ella y rezar esta oración.

El ángel también señaló que mayor
sacrificio de todos es el sacrificio de nuestra propia voluntad,
a través de la aceptación y la sumisión voluntaria
al plan de Dios.

"No tengan miedo.
Soy el Ángel de la Paz.
Oren conmigo".

~ Ángel de la Guarda de Portugal, 1916

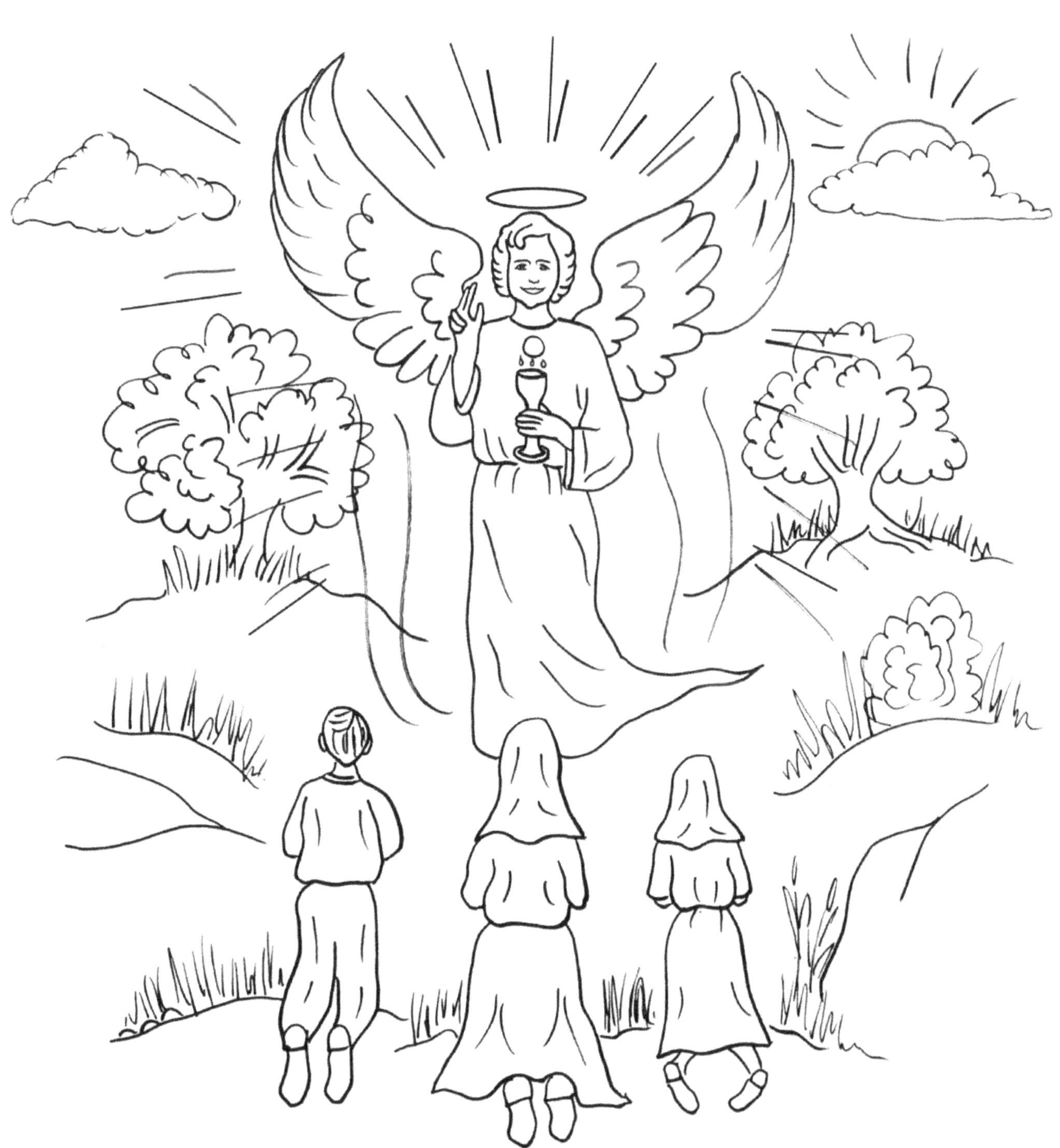

"Para salvar las almas de los pobres pecadores,
Dios desea establecer la devoción a mi
Inmaculado Corazón en todo el mundo."

~ Nuestra Señora de Fátima, 13 de junio del 1917

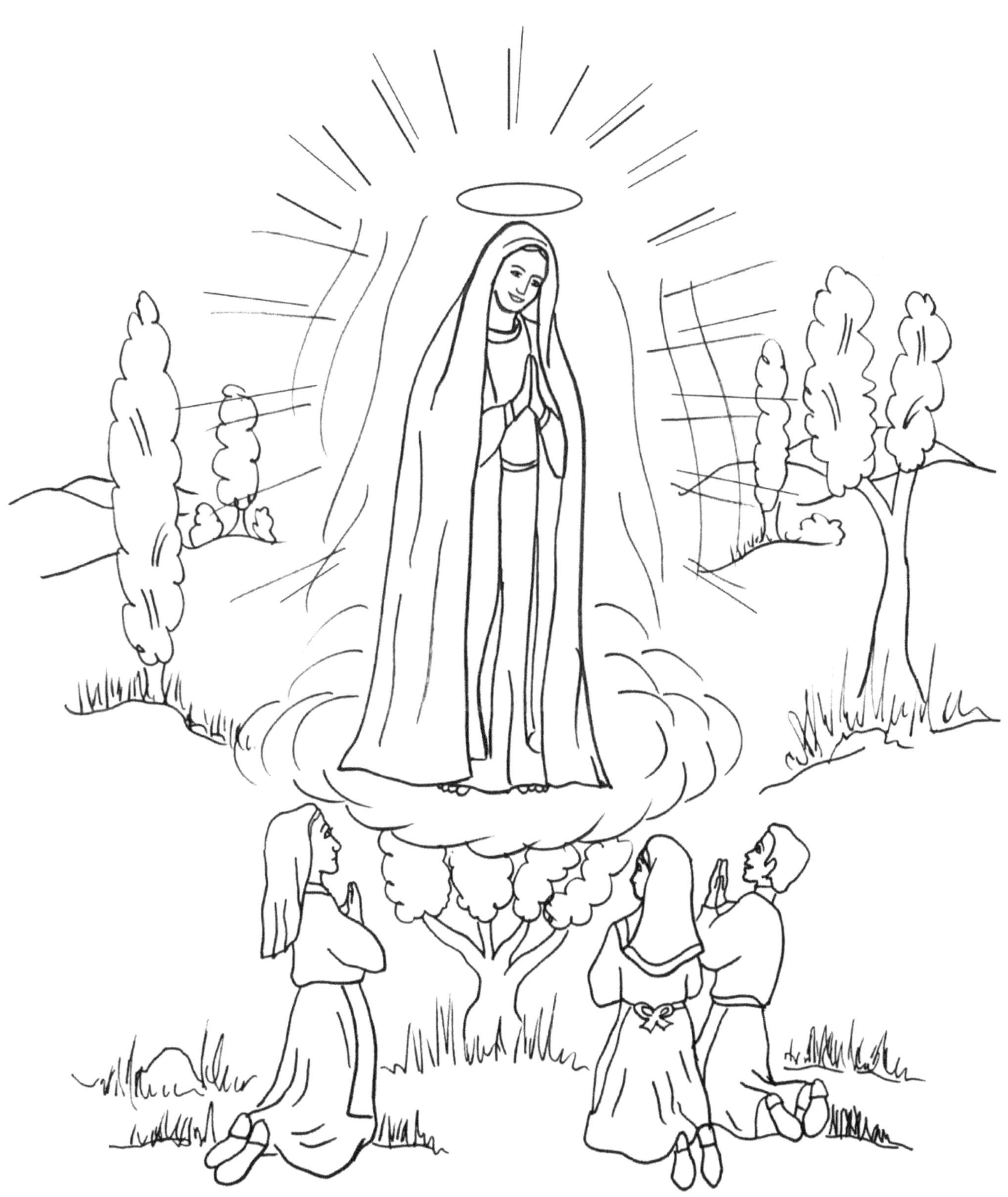

Simbolos del Inmaculado Corazón de María

SU CORAZÓN
Símbolo de su Amor Maternal

"...María atesoraba todas estas cosas y las meditaba en su corazón".
~Lucas 2:19

LAS ROSAS
Símbolo de su Pureza

"Soy una rosa de Sharon, un lirio de los valles".
~ Canción de Salomon 2:1

LA ESPADA
Símbolo de Sus Dolores

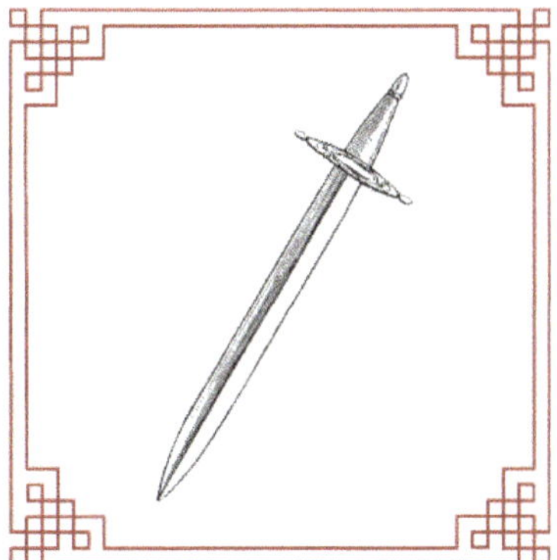

"...y una espada traspasará tu propia alma también."
~Lucas 2:25

THE THORNS
Symbol of Her Suffering

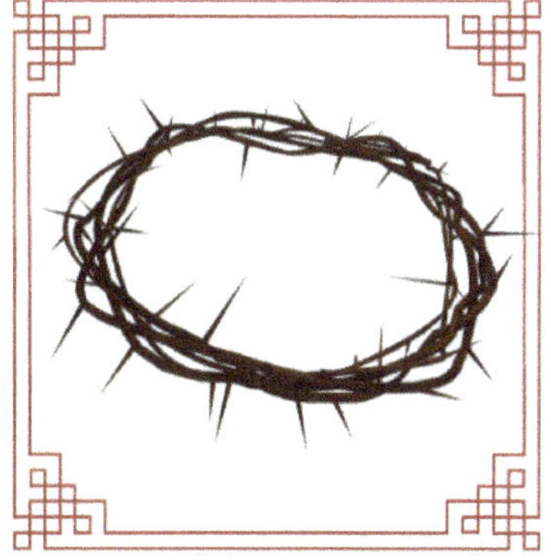

"He aquí, hija mía, mi Corazón rodeado de espinas..."
~Nuestra Señora a Hermana Lucía, 1925

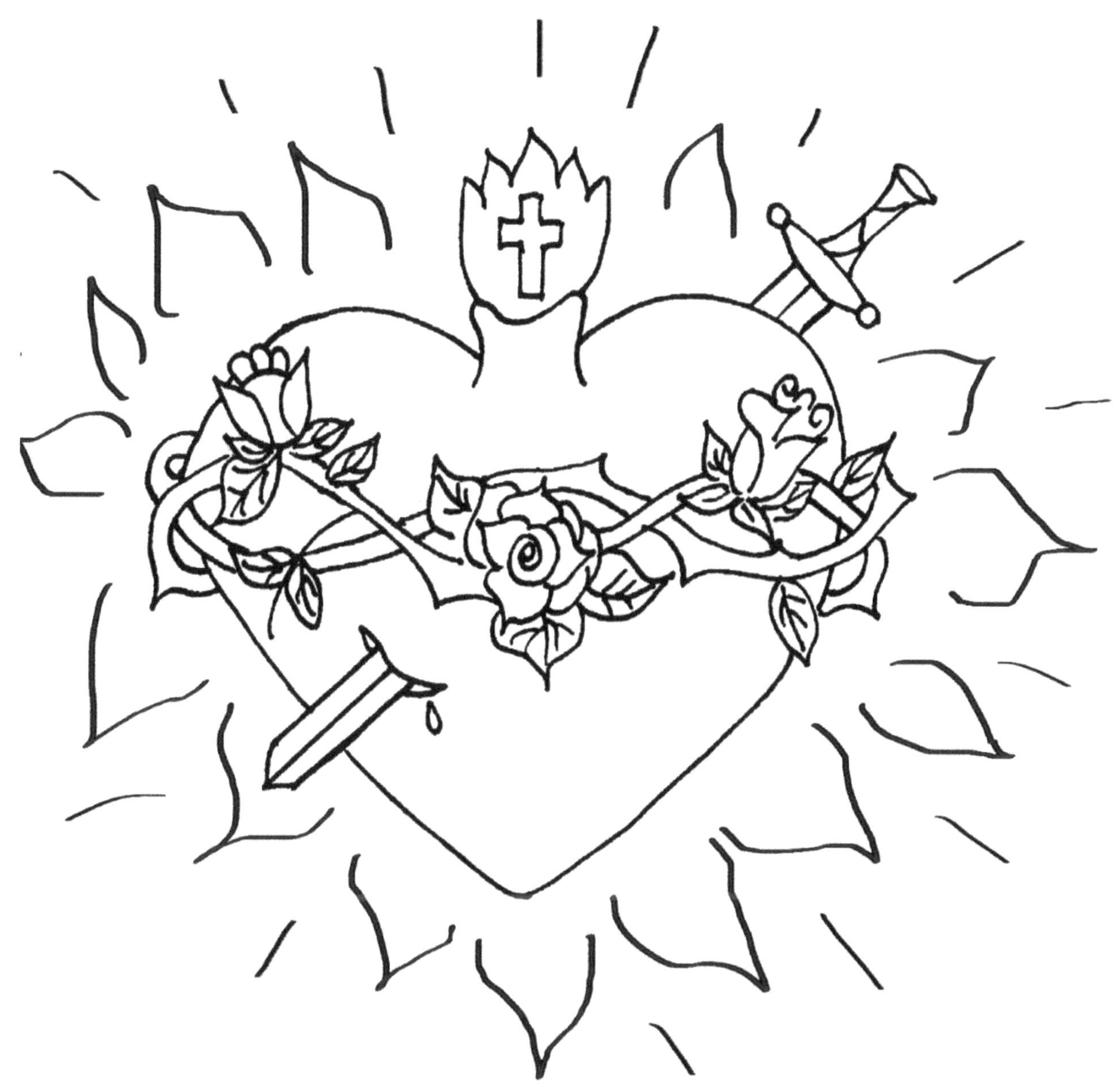

CORAZON INMACULADO DE MARÍA

¡Ruega por nosotros!

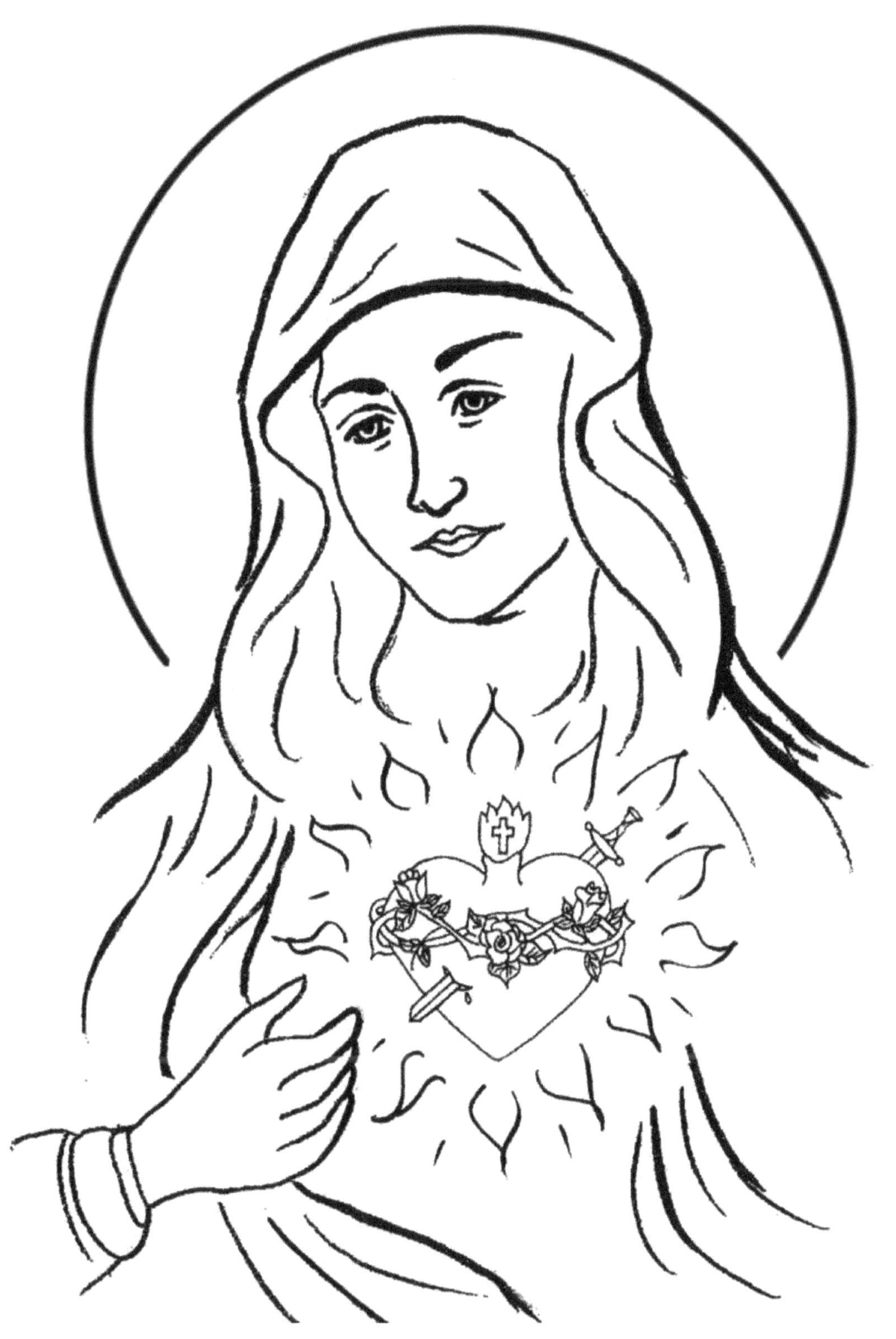

CORAZON INMACULADO DE MARÍA

¡Ruega por nosotros!

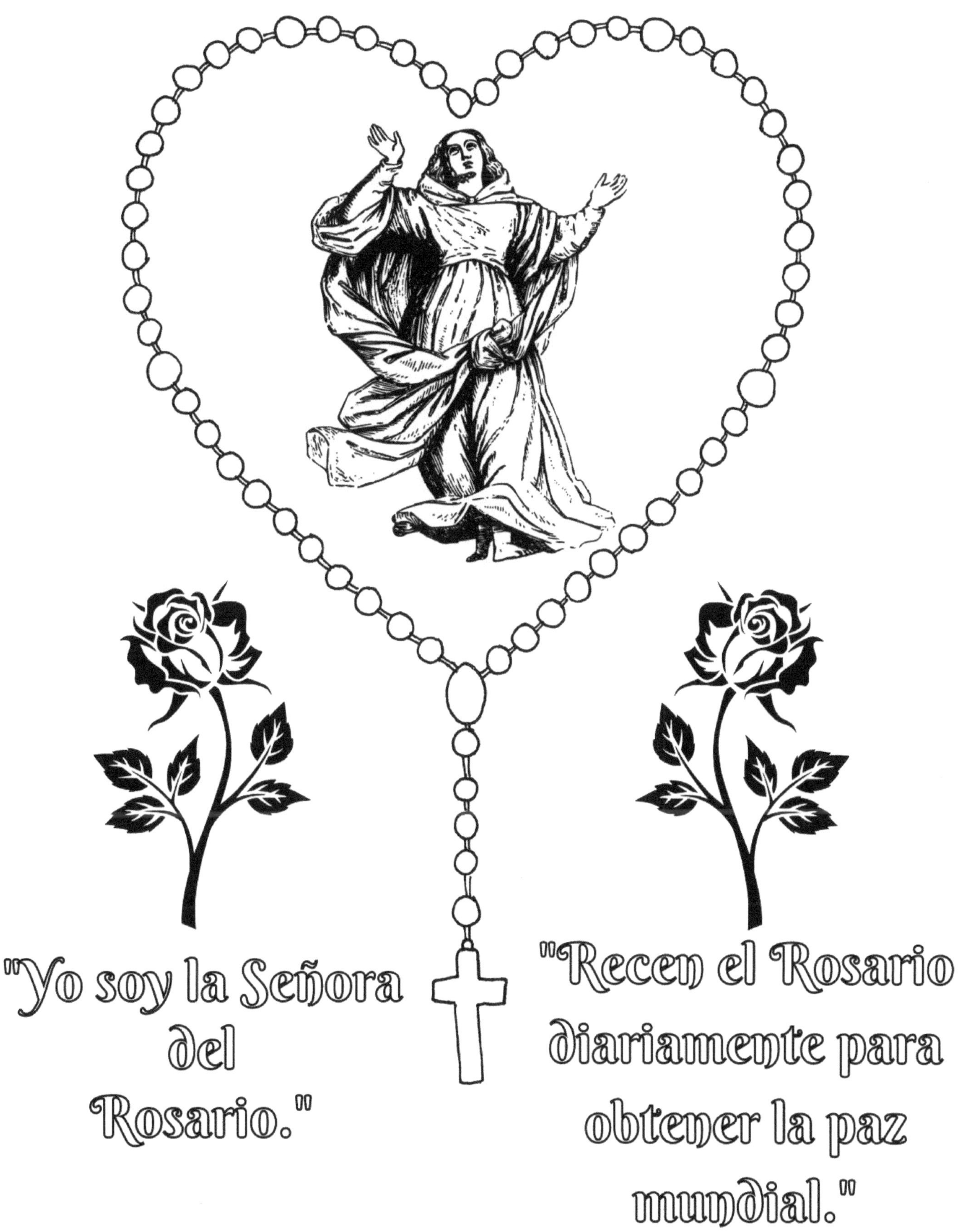

"Yo soy la Señora del Rosario."

"Recen el Rosario diariamente para obtener la paz mundial."

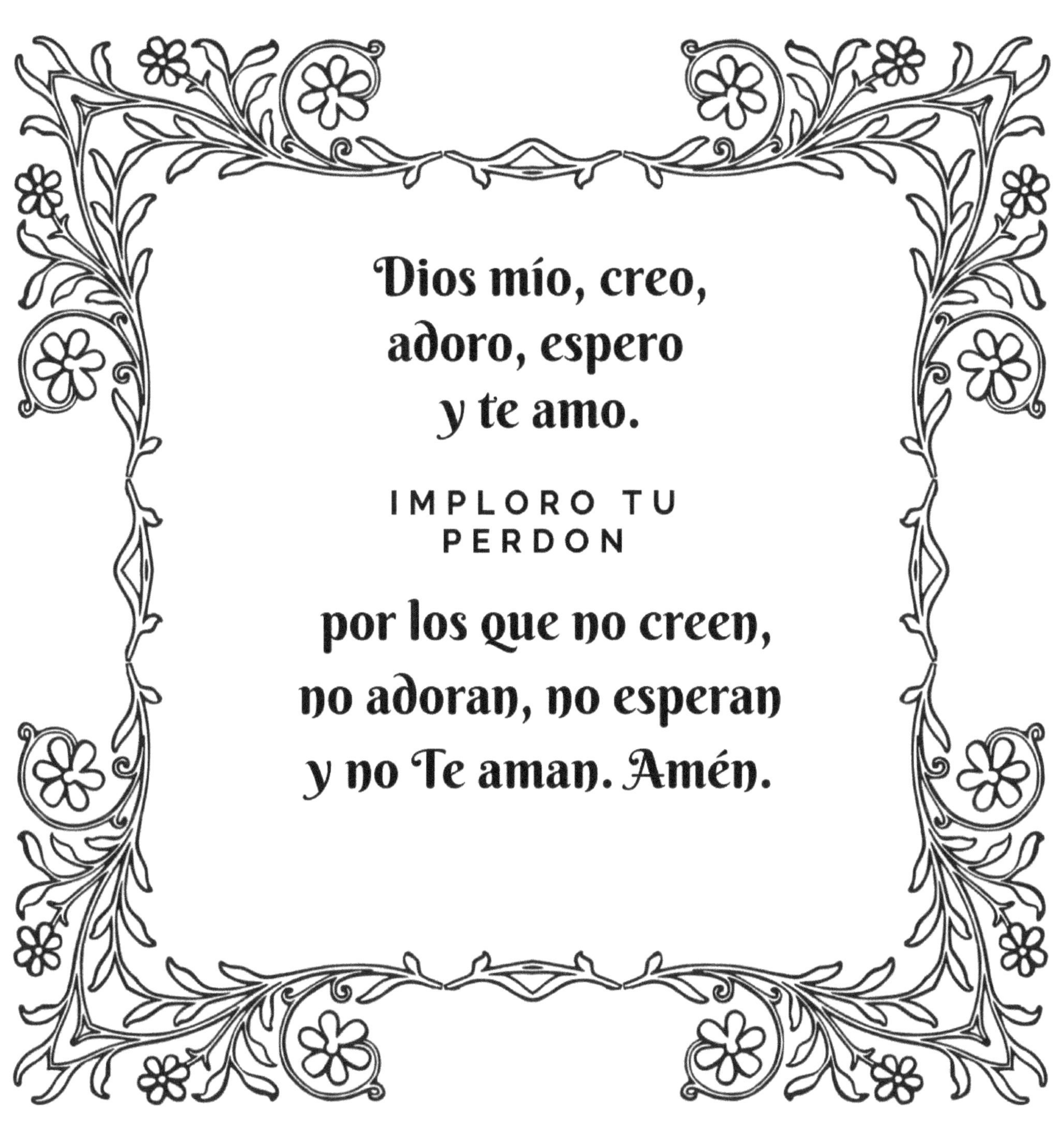

Dios mío, creo,
adoro, espero
y te amo.

IMPLORO TU
PERDON

por los que no creen,
no adoran, no esperan
y no Te aman. Amén.

Oración de la Trinidad

Santísima Trinidad, Padre, Hijo y Espíritu Santo, yo te adoro profundamente y te ofrezco el Preciosísimo Cuerpo, Sangre, Alma y Divinidad de nuestro Señor Jesucristo, presente en todos los Sagrarios del mundo, en reparación de los ultrajes con los que El es ofendido.

Por los méritos infinitos del Sagrado Corazón de Jesús y del Inmaculado Corazón de María,

Te suplico la conversión de los pobres pecadores. Amén.

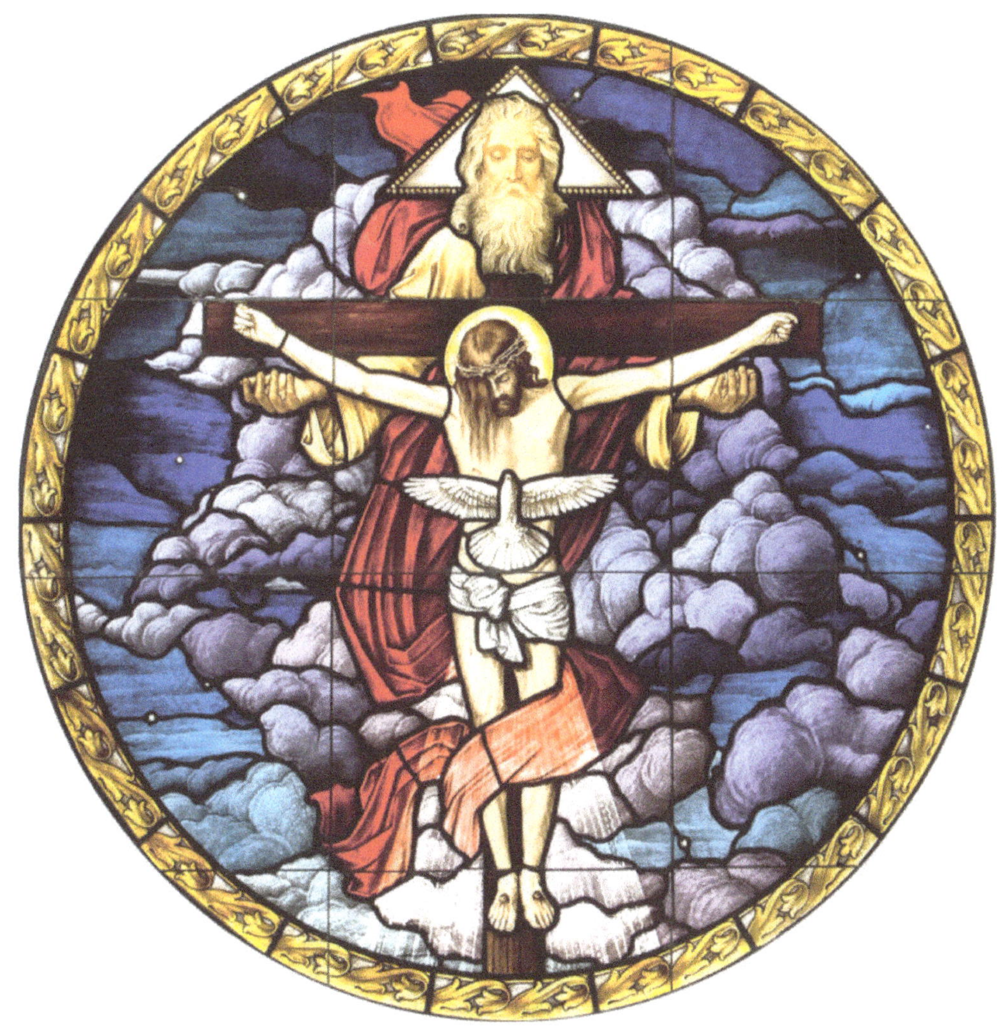

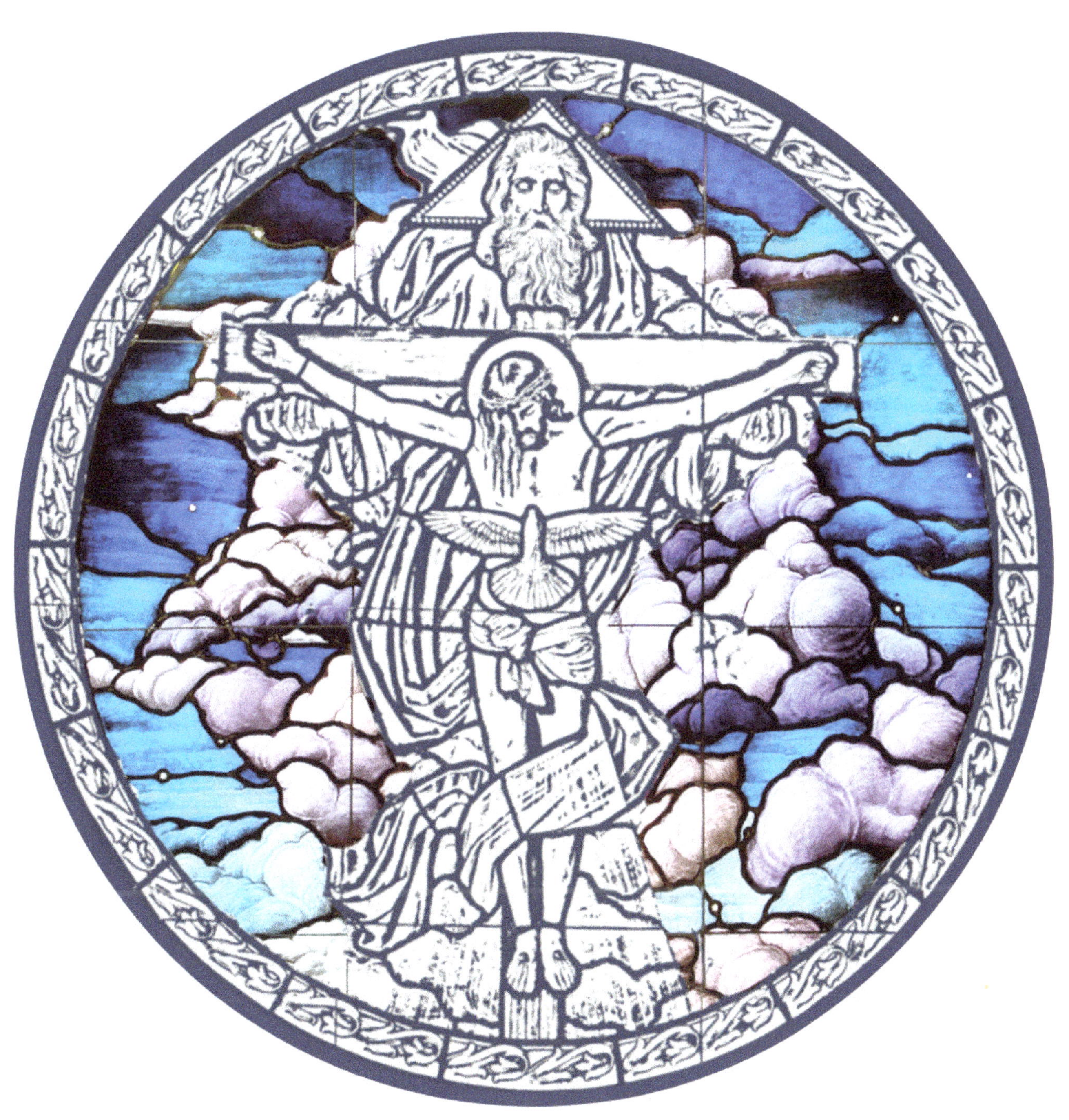

SANTÍSIMA TRINIDAD,

¡Te adoro!

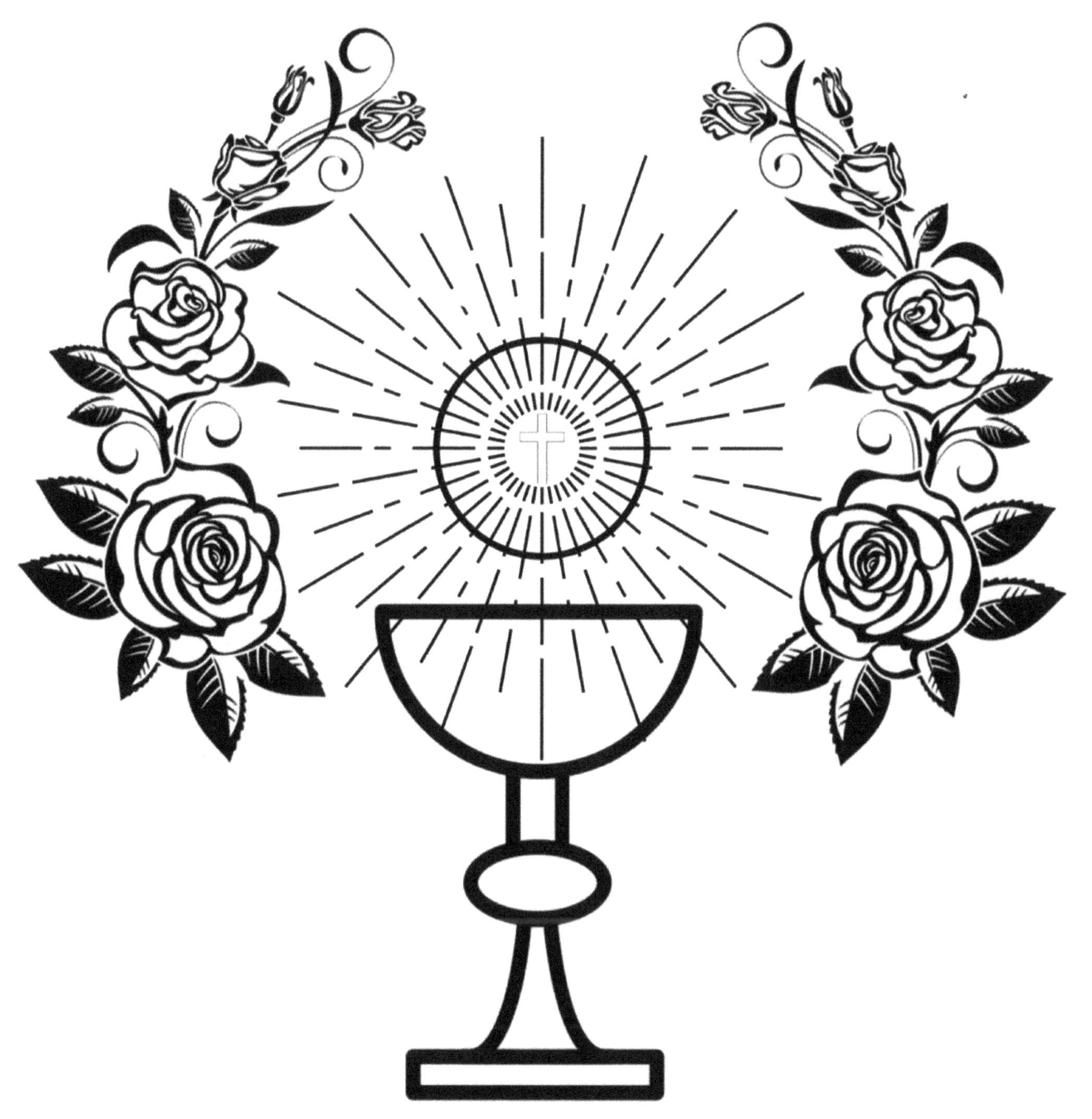

DIOS MIO, DIOS MIO
Te amo en el más
¡Santísimo Sacramento!

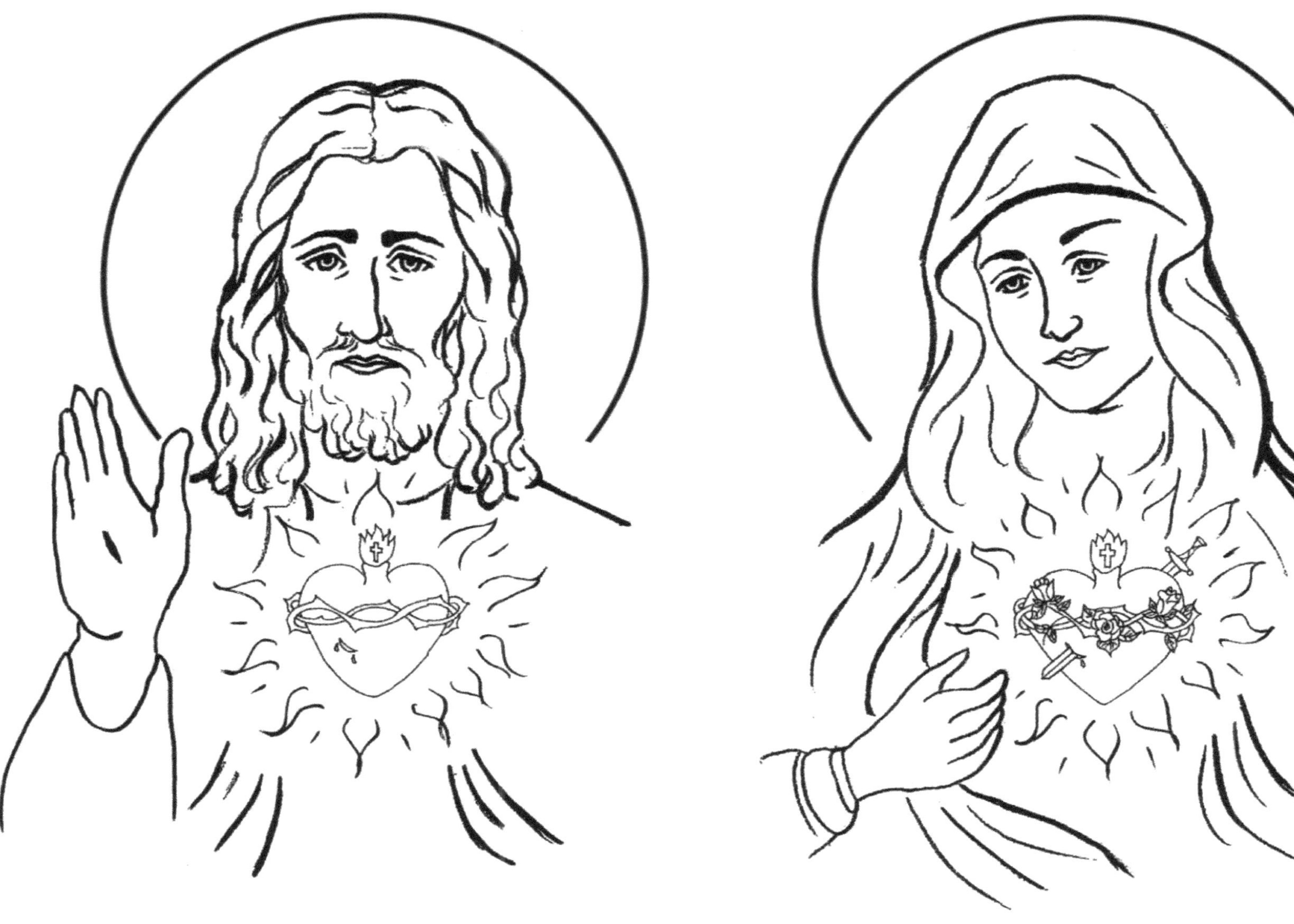

Sagrado Corazón de Jesús,
TEN PIEDAD DE NOSOTROS

Inmaculado Corazón de María
RUEGA POR NOSOTROS

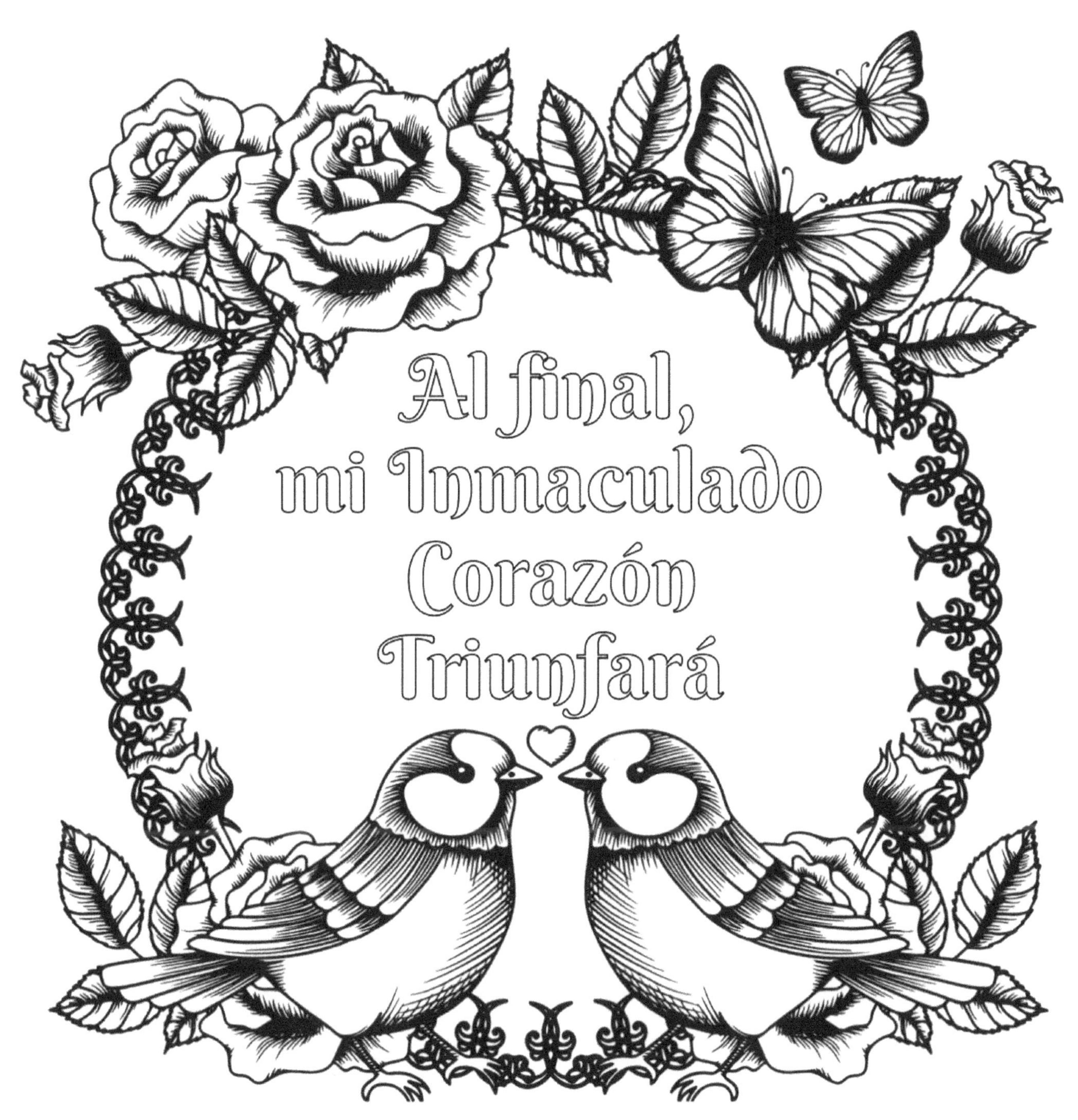

~Nuestra Señora de Fátima, 1917